BEI GRIN MACHT SICH IHR
WISSEN BEZAHLT

- Wir veröffentlichen Ihre Hausarbeit,
  Bachelor- und Masterarbeit

- Ihr eigenes eBook und Buch -
  weltweit in allen wichtigen Shops

- Verdienen Sie an jedem Verkauf

Jetzt bei www.GRIN.com hochladen
und kostenlos publizieren

Gabriele Hof

Ödipus & Freud

GRIN Verlag

Bibliografische Information der Deutschen Nationalbibliothek:

Die Deutsche Bibliothek verzeichnet diese Publikation in der Deutschen National-
bibliografie; detaillierte bibliografische Daten sind im Internet über http://dnb.d-
nb.de/ abrufbar.

Impressum:

Copyright © 2014 GRIN Verlag GmbH
Druck und Bindung: Books on Demand GmbH, Norderstedt Germany
ISBN: 978-3-656-59715-5

Dieses Buch bei GRIN:

http://www.grin.com/de/e-book/268602/oedipus-freud

GRIN - Your knowledge has value

Der GRIN Verlag publiziert seit 1998 wissenschaftliche Arbeiten von Studenten, Hochschullehrern und anderen Akademikern als eBook und gedrucktes Buch. Die Verlagswebsite www.grin.com ist die ideale Plattform zur Veröffentlichung von Hausarbeiten, Abschlussarbeiten, wissenschaftlichen Aufsätzen, Dissertationen und Fachbüchern.

Besuchen Sie uns im Internet:

http://www.grin.com/

http://www.facebook.com/grincom

http://www.twitter.com/grin_com

GFS im Fach Deutsch

10. Klasse Gymnasium, Sema-Schulen Mannheim

ÖDIPUS

Die Sage von Ödipus und der Zusammenhang zu Sigmund Freud

Inhaltsverzeichnis

Die Sage von Ödipus - Kurzhandlung

Die Sage von Ödipus handelt wie der Name bereits sagt, von Ödipus unserer Hauptperson und seinem Leben, von seiner Geburt an bis zu seinem Tode. Die Sage erzählt darüber, dass der Neugeborene aufgrund folgender Prophezeiung: „Er werde seinen eigenen Vater töten und seine Mutter ehelichen" von den Eltern zuerst verkrüppelt und dann von einem Hirten in der Wildnis ausgesetzt werden soll. Dieser Hirte hat jedoch Mitleid mit dem Neugeborenen und übergibt ihn einem Hirten aus Korinth. Dieser gibt ihm den Namen Ödipus und bringt ihn nach Korinth zum dortigen Herrscherpaar. Dort wird er als Pflegekind aufgenommen und mit viel Liebe, als ein Thronfolger aufgezogen. Zu einem jungen Mann herangewachsen, bekommt er zu hören, dass er nicht der leibliche Sohn des Herrscherpaares von Korinth sei. Von Unsicherheit geplagt, macht er sich auf den Weg zum Orakel von Delphi um nach der Wahrheit zu fragen. Dieses Antwortet jedoch nicht auf seine Frage, sondern gibt ihm nur die gleiche Prophezeiung, die schon seine leiblichen Eltern gehört hatten. Von der Angst fortgetrieben und dabei immer noch im Glauben das seine Pflegeeltern die wahren Eltern sind sorgt er für die Erfüllung der Prophezeiung. Unwissend erschlägt er seinen leiblichen Vater und heiratet seine leibliche Mutter, mit der er vier Kinder zeugt. Die Zwillingssöhne Polyneikes und Eteokles sowie seine Töchter Antigone und Ismene. Jahre vergehen und das Unglück kommt ans Licht. Seine Mutter/Gemahlin erhängte sich aufgrund dieser Erkenntnis. Von Schmerz und Reue übermannt, nimmt sich Ödipus das Augenlicht und bestrafte sich zusätzlich damit, bettelarm in der Wildnis umher zu wandern. Aus Güte begleitet ihn seine ältere Tochter Antigone. Auf der Suche nach Erlösung befragt er das Orakel. Dieses schickt ihn nach Kolonos um Erlösung bei den Erinnyen und bei den Eumeniden zu finden. Auf dem heiligen Land angekommen, versuchen die Bewohner ihn zu vertreiben, doch als er dann deren König sein Anliegen vorträgt, ist dieser Einverstanden ihm zu helfen seine Erlösung zu erlangen. Als Ödipus danach, die Anliegen seiner Söhne und seines Schwagers Kreon abweist, hat er auch seine letzte Prüfung bestanden. Jetzt verabschiedet er sich von seinen geliebten Töchtern und findet seine letzte Ruhe in den heiligen Höhlen von Kolonos.

Die Sage von Ödipus - kurz nacherzählt

Der Götterfluch

Laios, König von Theben und seiner Gemahlin Iokaste war es lange Zeit nicht geglückt einen Thronerben zu zeugen. Deshalb machte sich Laios auf den Weg um das Orakel von Delphi zu befragen. Das Orakel sollte ihm und seiner Gemahlin von den Göttern einen Sohn erbitten. Er erfuhr hier, dass ihm ein Sohn geboren werde, dass dieser jedoch, seinen eigenen Vater töten und seine Mutter ehelichen werde. Er werde mit seiner Mutter auch Kinder in Inzest zeugen.

Der König glaubte sich verflucht und lebte lange Zeit von seiner Gemahlin getrennt, doch ihre große Liebe fügte sie wieder zusammen. Iokaste gebar einen Sohn. Aus Furcht vor dem Götterfluch beschloss das Herrscherpaar, ihren eigenen Sohn töten zu lassen. Sie beauftragten einen Hirten ihres Hauses, er solle das Kind im Gebirge aussetzen damit es sterbe. Zuvor durchbohrte der König die Füße seines Sohnes mit einer goldenen Nadel, um auf diese Weise zu verhindern, dass der kleine Sohn sich im Gebirge fortbewegen könne.

Ödipus auf Korinth

Der beauftragte Hirte brachte es jedoch nicht über sein Herz, diesen Auftrag auszuführen. Stattdessen übergab er das Kind einem anderen Hirten. Dieser löste zunächst dem kleinen Jungen die Fußfesseln und schenkte ihm den Namen „Ödipus", was übersetzt „Schwellfuß" heißt. Anschließend trug er das Kind nach Korinth, eine an Theben angrenzende Königsresidenz. Übergab den kleinen Ödipus dem dortigen Herrscherpaar Polybos und Merope. Sie waren kinderlos und benötigten einen Thronerben, deshalb nahmen sie den kleinen Ödipus und zogen ihn mit ihrer ganzen Liebe als zukünftigen Thronerben auf. Ödipus verbrachte seine ganze Kindheit und Jugend in Korinth. Er war dort glücklich und zufrieden.

Doch eines Tages, als Ödipus zu einem jungen Mann herangewachsen war, sagte ihm ein betrunkener Neider, er sei nicht der leibliche Sohn von Polybos und Merope und hätte damit kein Anrecht auf den Thron von Korinth.

Ödipus erfährt seinen Götterfluch

Schockiert und zutiefst verletzt, wandte sich Ödipus an Polybos und Merope, fragte sie, ob diese Aussage der Wahrheit entsprach. Das Königspaar beteuerte Ödipus nur ihre Liebe zu ihm, sagten Ihm aber nicht die Wahrheit, dass er tatsächlich nur ihr Ziehsohn war. Ödipus war zwar geehrt von der beteuerten Liebe, fand jedoch keine innere Ruhe. Er misstraute seinen (Pflege-) Eltern. Deshalb beschloss er nach Delphi zu gehen um das Orakel aufzusuchen. Die Götter wollte er nach der Wahrheit fragen, von wem er denn wirklich abstamme. Auch die Götter beantworteten ihm diese Frage nicht, stattdessen wiederholten sie die Weissagung, die sie schon seinem leiblichen Vater Laios verkündet hatten. Ödipus werde seinen Vater töten und seine Mutter heiraten. Ödipus hatte große Angst, dass sich diese schreckliche Verkündung bewahrheiten könnte. Er beschloss, nicht nach Korinth zu seinen vermeintlichen Eltern zurückzukehren.

Ödipus tötet seinen leiblichen Vater

Als heimatloser Mann zog Ödipus ziellos in die Welt hinaus. Unbewusst lief er in Richtung Theben, seinem wahren Heimatort. An einer Kreuzung angekommen, rasten auf einem Wagen, eine Handvoll Reisende ungestüm auf ihn zu. Es war sein leiblicher Vater Laios mit seinem Gefolge. Ödipus war über diese ungestüme Art sehr erzürnt, es kam zum Streit. Im Verlauf der Auseinandersetzung erschlug Ödipus unwissend seinen eigenen leiblichen Vater Laios und dessen Männer. Nur einer der Männer konnte flüchten. Der Flüchtige war jener Hirte, der sich einst dem kleinen Ödipus erbarmt hatte und ihn entgegen der Weisung seines Herrscherpaares am Leben ließ.

Ödipus besiegt Sphinx

Wenig später traf Ödipus in Theben ein. Er fand die Stadt in großer Not vor. Sie wurde von einem Ungeheuer bedroht. Die Sphinx - eine geflügelte Löwin mit dem Kopf einer Frau - tötete nach und nach die jungen Männer der Stadt. Sie stellte den Jünglingen ein Rätsel, wer es nicht lösen konnte, wurde von ihr verschlungen. Um dieses Unheil abzuwenden, hatte Kreon, der Schwager des ermordeten König Laios, dem Mann, der die Sphinx besiegen würde, als Lohn den verwaisten Thron von Theben und die verwitwete Iokaste versprochen. Ödipus stellte sich der Sphinx und löste das Rätsel mit Leichtigkeit. Aus Scham tötete sich die Sphinx selbst.

Ödipus wird König von Theben

Ödipus eroberte damit den Thron von Theben. Mit der Thronbesteigung vermählte er sich mit Iokaste. Damit ging auch der zweite Teil des Götterfluchs in Erfüllung. Ödipus hatte seinen Vater getötet und seine eigene Mutter geehelicht. Es vergingen viele vermeintlich glückliche Jahre. König Ödipus zeugte mit Iokaste vier Kinder, zwei Töchter und zwei Söhne. Polyneikes und Eteokles hießen seine Söhne. Seine Töchter trugen die Namen Antigone und Ismene.

Dann brach jedoch in Theben die Pest herein. Diese bedrohte die Existenz der Stadt. Kein Mittel konnte die Stadt von der Plage befreien. Ödipus entschloss sich, seinen Schwager Kreon nach Delphi zu schicken, um die Götter zu fragen, wie man die Stadt von der Pest befreien könne. Kreon, sein Schwager, kam von der Reise mit folgendem Wissen zurück: Die Stadt Theben kann von der Pest nur befreit werden, wenn der Mörder von König Laios gefunden und bestraft wird, denn der Mörder lebt hier in dieser Stadt. Ödipus wollte die Stadt zum zweiten Mal vom Unheil befreien. Er stellte sich an die Spitze der Suche nach dem Mörder von Laios, dieser sollte als Vergeltung für seine Tat, die Stadt Theben für immer verlassen.

Die Erkenntnis

Hier begann für Ödipus ein dramatischer Erkenntnisprozess. Von Teiresias - ein blinder Mann, dem die Gabe eines Propheten und des inneren Schauens verliehen war - erfuhr er, dass er selbst Laios getötet hatte und dass er darüber hinaus, der leibliche Sohn von Laios und seiner Gemahlin Iokaste war. Ödipus glaubte erst nicht, aber der Hirte von Laios, der ihm einst das Leben gerettet hatte, bezeugte diese Wahrheit. Iokaste, die Gemahlin und Mutter von Ödipus, erhängte sich daraufhin. Ödipus selbst stach sich die Augen aus. Er sah sich im ersten Moment als Alleinschuldigen dieser geschehenen Ereignisse. Als blinder Bettler verließ er, begleitet und geführt von seiner Tochter Antigone, für immer die Stadt Theben.

Ödipus auf Kolonos

Nach langer Wanderung suchte Ödipus die Stadt Kolonos auf. Kolonos war ein Ort in der Nähe Athens. Er war davon überzeugt, dass er hier sein ruhiges Ende finden würde. Das hatte ihm eine Stimme der Gottheit selbst angewiesen. Zunächst sollte er diesen geheiligten Fleck auf Kolonos wieder verlassen, denn er befände sich auf dem Gebiet und in dem Haine der allerspähenden Eumeniden, unter welchem Namen die Athener hier die Erinnyen verehrten. Als Ödipus das erfuhr, war es im bestätigt, er war am Ziel seines Weges angekommen. Die Stadtältesten wollten ihn jedoch verjagen, aus Angst, die Götter könnten sie bestrafen, wenn sie einen vom Himmel Gezeichneten länger an diesem geheiligten Ort duldeten. Ödipus bat sie inständig, ihn nicht zu verstoßen und ließ Theseus, den König von Athen rufen. Zwischenzeitlich kam seine zweite, jüngere Tochter Ismene nach Kolonos und erzählte ihm, dass seine beiden Söhne sich in schwerer, selbstverschuldeter Not befänden. Als Ödipus Theben verließ, wurde sein Schwager Kreon, der König von Theben. Doch die Söhne von Ödipus hatten so starkes Verlangen nach der Herrschaft von Theben, dass sich ein Streit zwischen ihnen entfachte. Der älteste Sohn Polyneikes hatte den Thron übernommen, der jüngere Sohn Etokles war jedoch unzufrieden mit dem Vorschlag seines Bruders, abwechselnd mit ihm zu herrschen. Etokles verführte das Volk von Theben und stieß Polyneikes vom Thron und gleichzeitig aus der Stadt. Dieser war wütend nach Agros im Peloponnes entflohen und wurde dort der Schwiegersohn des Königs Adrastos, verschaffte sich Freunde und bedrohte seinen jüngeren Bruder mit Rache und Eroberung der Stadt Theben. Zeitgleich kam ein neuer Götterspruch über die beiden Brüder. Dieser besagte, dass sie ohne ihren Vater Ödipus nichts vermögen; ihn suchen müssten, tot oder lebendig, sonst wäre ihr eigenes Heil bedroht.

Ödipus und die Koloneer waren sehr erstaunt über diese Neuigkeiten. Kreon, sein Schwager und Onkel, war auf dem Weg zu Ödipus, um ihn zu holen, ihn dann an die Grenzen von Theben zu stellen, damit der Orakelspruch in Erfüllung geht und damit Theben nicht entweiht werde. Ödipus fragte seine jüngere Tochter Ismene, ob er, wenn er nach Theben mitkommen werde, dort auch begraben werden könne. Diese Frage verneinte seine Tochter, denn seine Blutschuld dulde dies nicht. Ödipus war aufgebracht. Wenn er dort nicht begraben werden kann, dann sollen weder seine Söhne noch Kreon seiner mächtig werden. Er verfluchte seine Söhne wegen ihrer Herrschsucht, die größer war, als die Vaterliebe. Nur seine Töchter nennt er seine wahren Kinder und erflehte ihnen den himmlischen Segen. Das Volk von Kolonos hatte große Ehrfurcht vor dem blinden Ödipus und König Theseus, Herrscher von Athen, kam vorbei, ging freundlich und ehrerbietig mit Ödipus um. Ödipus bat den König von Athen um Schutz vor seinen Söhnen und Kreon, dafür würde er reichen Segen ernten. Theseus soll ihn hier auf Kolonos begraben, seine letzte Ruhe finden lassen. König Theseus kam seiner Bitte nach. Noch sollte Ödipus keine Ruhe finden. Zuerst kam Kreon und versuchte ihn gewaltsam mit nach Theben zu nehmen, doch diese Absicht scheiterte, weil Ödipus von den Einwohnen der Stadt Kolonos beschützt wurde. Auch Polyneikes kam, flehte um Verzeihung und bat ihn mit nach Theben zu kommen. Ödipus verzieh ihm jedoch nicht und schickte ihn fort. Er hatte den Versuchungen widerstanden, nach Theben zu gehen. Jetzt konnte er zur Ruhe finden.

Der Tod von Ödipus

Zusammen mit seinen Töchtern, König Theseus und den Bewohnern von Kolonos ging er zu einer Höhle, von dieser Höhle ging eine uralte Sage her, diese sei der Eingang zur Unterwelt. Ödipus wusch sich und zog ein feines Gewand an, nahm Abschied von seinen Töchtern und seinem Gefolge. Nur König Theseus begleitete ihn bis zur Schwelle der Höhle. Nach kurzer Zeit war Ödipus ruhig, ohne Donner und Blitz verschwunden. König Theseus versicherte den Töchtern von Ödipus einen väterlichen Schutz und kehrte mit ihnen nach Athen zurück.

Personen und große Symbole aus der Sage von Ödipus

Ödipus:

Ein von Geburt an vom Schicksal Verfolgter, von den leiblichen Eltern im zarten Alter von 3 Tagen zum Sterben ausgesetzter Königssohn. Von einem Hirten vor dem Tod gerettet und zu einem kinderlosen Königspaar gebracht. Von diesem Königspaar als Ziehsohn mit Liebe erzogen. Später Mörder seines leiblichen Vaters und Gemahl seiner leiblichen Mutter. Dann König von Theben und Vater von vier in Inzest gezeugten Kindern.

Laios:
Einst König von Theben, Gemahl von Iokaste und Vater von Ödipus. Mordversuch an seinem eigenen Königssohn Ödipus. Später von Ödipus selbst zu Tode gebracht.

Iokaste:
Zunächst Gemahlin von König Laios, Schwester von Kreon, leibliche Mutter und später auch Gemahlin von Ödipus. Aber auch Mutter und Großmutter, der mit Ödipus in Inzest gezeugten Kinder (2 Töchter und 2 Söhne).

Polybos:
König von Korinth, Gemahl von Merope, Ziehvater von Ödipus.

Merope:
Gemahlin von König Polybos, Ziehmutter von Ödipus.

Kreon:
Bruder von Iokaste, Onkel und Schwager von Ödipus. Thronfolger von König Ödipus.

Der Hirte von König Laios:
Von König Laios und Iokaste beauftragt, den Königssohn im Gebirge zum Sterben auszusetzen. Später auch Zeuge über den Mord an König Laios, den Ödipus zu verantworten hatte.

Der Hirte von Polypos:
Der Hirte von Laios übergab ihm den zum Tode verurteilten Ödipus, Der Hirte entfesselte Ödipus, gab ihm den Namen Ödipus und brachte ihn zum Herrscherpaar von Korinth. Dies bezeugte er auch, als Ödipus später über seine Herkunft aufgeklärt werden wollte.

Polyneikes und Eteokles:
Zwillingssöhne von Ödipus und Iokaste. In Inzest gezeugt. Später stritten sie um den Thron von Theben.

Antigone und Ismene:
Beide Töchter von Ödipus und Iokaste. Antigone begleitete ihren Vater als er sich erblindet und zum Bettler gemacht hatte in die weite Welt bis hin zu seinem Lebensende. Ismene, die jüngere Tochter blieb im Elternhaus als seine Anwältin und besuchte Ödipus in Kolonos um Ihm zu sagen, dass seine beiden Söhne um den Thron streiten und ihn um Verzeihung bitten möchten.

Teiresias:

Ein blinder Mann, dem vom Zeus die Gabe eines Propheten und des inneren Schauens verliehen wurde und zugleich von ihm die Aufgabe erhielt, sich als Weiser und Ratgeber um die Menschen in Theben zu kümmern.

Theseus, König von Athen:

Er gewehrte dem zu Bettler gewordenen Ödipus Asyl, half ihm im Streit gegen seine Söhne und Kreon und ging mit ihm die letzten Schritte zu seiner Ruhestätte.

Die Sphinx:

Ein Fabelwesen, ein Ungeheuer, eine geflügelte Löwin mit dem Kopf einer Frau. Sie spielt in der Sage von Ödipus eine zentrale Rolle, gab den jungen Männern von Theben Rätsel auf und wenn sie diese nicht lösen konnten wurden sie von ihr verschlungen. Auch die Sphinx war in Inzest gezeugt. Sie war die Tochter ihres eigenen Bruders, ein zweiköpfiger Hund mit dem Namen Orthos und die Tochter der göttlichen Echidina, eine Frau mit Schlangenleib. Sie herrschten in Höhlen tief unter der Erde.

Das Orakel von Delphi / Apollo / Götter:

Apollo war als Sohn von Zeus, einer der zwölf olympischen Götter in der griechischen und römischen Mythologie. Das Orakel von Delphi war eine griechische Pilger- und Weissagungsstätte des antiken Griechenlands. Das Orakel stand lange Zeit unter dem Schutze von Apollo. Hier konnten die Menschen über tausend Jahre lang den Göttern Fragen stellen. Die Weissagungen von Apollo wurden durch Priester/innen an die Menschen weiter gegeben. Häufig antworteten die Götter nicht direkt auf die Fragen der Menschen, sondern sprachen einen Fluch aus und trieben damit die Handlungen der Menschen an. So auch bei Ödipus und Laios. Die Götter wirkten stets auf das „ Erkenne dich selbst! " im Menschen hin.Der

Der Ödipuskomplex nach Sigmund Freud

Sigmund Freud (1856-1939), ein großer Denker, Mediziner, Nervenarzt, Erfinder und Begründer der Psychoanalyse als Wissenschaft vom Unbewusstsein, war bemüht eine Psychologie zu entwickeln, die allein in der Biologie des Menschen und in seinen körperlichen Bedürfnissen (Trieben) wurzelt. Er war der Auffassung, dass der erste große Konflikt eines heranwachsenden Kindes entstehe, wenn sich im Alter von drei bis fünf Jahren, der Sexualtrieb entwickelt. Diesen Trieb richte das Kind zunächst auf das gegengeschlechtliche Elternteil. Es begehrt dieses Elternteil und konkurriert deshalb mit dem gleichgeschlechtlichen Elternteil. Nur aus Angst vor Bestrafung oder Angst vor Kastration unterdrückt das

Kind diese verbotene sexuelle Neigung und identifiziert sich mit seinem gleichgeschlechtlichen Elternteil, übernimmt dessen Moral und Wertvorstellungen. Diese Entwicklungsphase bezeichnete Freud als „Ödipuskomplex". Das heißt, ein kleiner Junge verliebt sich im Alter von drei bis fünf Jahren in seine Mutter, beneidet und konkurriert mit seinem Vater. Er möchte die Mutter für sich alleine haben. Nur aus Angst, dass der eigene Vater ihm den Penis abschneiden könnte, lässt er von seiner Begierde zur Mutter ab und identifiziert sich mit seinem Vater. So dachte Sigmund Freud. Er war auch der Meinung, dass eine unzureichende Bewältigung von diesem Konflikt, die wichtigste Ursache für die Entstehung späterer Persönlichkeitsstörungen und Neurosen wäre.

Die Wissenschaftlichkeit dieser Erkenntnis ist jedoch schon oft in Zweifel gezogen worden und bleibt bestritten.

Freud und Ödipus

Als Beweis für die Theorie vom Ödipuskomplex nahm Freud den Ödipus-Mythos oder auch das berühmte analytische Drama von Sophokles mit dem Titel „König Ödipus". Der Psychoanalytiker war davon überzeugt, dass Ödipus seine leibliche Mutter begehrte und deshalb seinen Vater getötet hat. Freud war auch davon überzeugt, dass sich Ödipus den gegen ihn gerichteten Mordversuch, von Laios und Iokaste, nur erfunden oder fantasiert habe um den Mord an seinem Vater zu rechtfertigen. Mit dem Namen Ödipus wurde die Bluttat ja eigentlich bewiesen, aber auch das ignorierte Sigmund Freud. Für ihn war der Ödipus-Mythos ein Beispiel, an dem er die Theorie des Ödipuskomplexes demonstrieren konnte.

Glossar

Mythos: Erzählung oder „sagenhafte Geschichte"

Inzest: unkeusch oder Blutschande, bezeichnet den Geschlechtsverkehr zwischen eng verwandten Menschen

Pest: „Schwarzer Tod" oder Seuche - Eine durch bestimmte Bakterien ausgelöste hochansteckende Infektionskrankheit

Erinnye: furchterregende, aber gerechte Rächerin, die Verbrecher hartnäckig verfolgt, bis diese ihre verdiente Strafe bekommen haben

Eumeniden: Eine Frau oder Frauen die Rache ausüben

Neurose: psychische Störung, die gekennzeichnet ist durch eine Verhaltensstörung, welche dem Erkrankten im Gegensatz zur Psychose jedoch bewusst ist.

Kastration: Entfernung der Keimdrüsen (Hoden, Eierstöcke) was zur Unfruchtbarkeit führt

Persönlichkeitsstörungen: Als Persönlichkeitsstörung bezeichnet man ein psychiatrisches Krankheitsbild, bei dem der Patient Charaktereigenschaften bzw. -ausprägungen hat, die in Intensität, Dauer und Inhalt deutlich von der Norm abweichen.

Psychoanalyse: Untersuchung, Enträtselung der Seele

Quellen

Frank Lassner (2010), An den Wurzeln der Zivilisation, Verlag Books on Demand

Irene Berkel (2006), Siegmund Freud, Wilhelm Fink Verlag

Gustav Schwab (2011), Sagen des klassischen Altertums, Verlag Anaconda

Ekkehart Mittelberg (2013), König Ödipus von Sophokles, Klassische Schullektüre, Cornelsen Verlag